# Los deportes de combate

POR M. K. OSBORNE

AMICUS

Amicus High Interest es una publicación de Amicus
P.O. Box 227, Mankato, MN 56002
www.amicuspublishing.us



Información del catálogo de publicaciones de la biblioteca del congreso
Names: Osborne, M. K., author.
Title: Los deportes de combate / M.K. Osborne.
Other titles: Combat sports. Spanish
Description: Mankato, Minnesota : Amicus, 2020. | Series: Deportes olímpicos de verano | Includes bibliographical references and index. | Audience: K to grade 3.
Identifiers: LCCN 2019007341 (print) | LCCN 2019008105 (ebook) | ISBN 9781681519227 (pdf) | ISBN 9781681518961 (library binding)
Subjects: LCSH: Hand-to-hand fighting–Juvenile literature. | Martial arts–Juvenile literature. | Olympics–Juvenile literature.
Classification: LCC GV1111 (ebook) | LCC GV1111 .O7317 2020 (print) | DDC 796.8–dc23
LC record available at https://lccn.loc.gov/2019007341

Editora: Wendy Dieker
Diseñador: Aubrey Harper
Investigación fotográfica: Shane Freed

Créditos de Imágenes: Kyodo/AP/KYDPL Kyodo cover; Hahn Lionel/AP 4; Kyodo/Newscom 7; Paul Sancya/AP 8-9; Markus Schreiber/AP 11; Wang Haofei/Newscom 12; Frank Franklin II/AP 15; Felipe Trueba/Newscom 16, 31; Fotoarena/Alamy 19; Jae C. Hong/AP 20; Actionplus/Alamy 22-23; Fabrizo Bensch/Newscom 24; Dominic Ebenbichler/Newscom 27; Mutsu Kawamori/Newscom 28

# Tabla de Contenido


Eventos antiguos 5

Lucha 6

Boxeo 13

Artes marciales 17

Esgrima 25

¡Que vengan los Juegos Olímpicos! 29

*Glosario* 30

*Índice* 32

**Los protectores y los uniformes hacen que los eventos de combate de hoy en día se vean de manera distinta a los de la antigüedad.**

P ¿Cuándo se celebraron los primeros Juegos Olímpicos?

# Eventos antiguos

Los Juegos Olímpicos son uno de los eventos deportivos más antiguos del mundo. Los primeros Juegos Olímpicos se realizaron en la antigua Grecia. Los juegos incluían lucha, boxeo y una forma temprana de **artes marciales**. Esos deportes de combate se abrieron paso y llegaron hasta los modernos juegos de verano. Los fanáticos observan apasionadamente los combates para ver quién ganará la medalla de oro.

Los primeros Juegos Olímpicos se celebraron en el año 776 a. C. Los juegos que conocemos hoy comenzaron en 1896.

# Lucha

Dos luchadoras olímpicas pisan la colchoneta. Se mueven alrededor una de la otra. ¡Una de ellas ataca! Derriba a la otra luchadora. Inmoviliza los hombros de la luchadora sobre la colchoneta. ¡Es tocada! Así es la lucha. Las reglas de la lucha han cambiado poco desde la antigüedad, pero los conceptos básicos siguen siendo los mismos. Los luchadores utilizan la fuerza y el poder para ganar el combate.

**Helen Louise Maroulis de EE. UU. derrota a Saori Yoshida de Japón en un combate de lucha olímpica.**

Un luchador grande podría ganarle fácilmente a uno pequeño. Para que los combates sean justos, los luchadores son separados por peso. Solo luchan con otros del mismo tamaño.

Los combates tienen dos periodos de lucha. Cada período dura tres minutos. El combate termina si un luchador hace que su oponente **toque** la colchoneta.

**Luchadores de Francia (azul) y Cuba (rojo) compiten por la medalla de bronce en 2012.**

Los Juegos Olímpicos tienen dos tipos de lucha. Los hombres compiten en estilo grecorromano. Es muy parecido al deporte antiguo. Los luchadores solo pueden usar sus brazos y la parte superior de su cuerpo para hacer **inmovilizaciones**.

La lucha libre es una competencia tanto para hombres como para mujeres. Los luchadores pueden usar los brazos y las piernas para hacer inmovilizaciones.

P ¿Qué país tiene más medallas en lucha olímpica?

**Los luchadores en estilo libre tratan de controlar al oponente con los brazos y las piernas.**

La Unión Soviética, que ya no es un país, ¡pero mantiene el récord con 132 medallas! Los Estados Unidos ocupa el segundo lugar con 128.

**Los boxeadores olímpicos siempre visten uniforme rojo o azul.**

# Boxeo

¡Ring! Suena la campana. Comienza el primer round. El boxeo olímpico siempre ha sido exitoso. Tanto hombres como mujeres pueden boxear en el ring. Al igual que en la lucha, pelear por categoría de peso hace que las partidas sean parejas. Un boxeador de peso pesado no va a boxear con una persona pequeña. En el boxeo de hombres hay ocho categorías de peso diferentes. En el boxeo de mujeres hay cinco. Los dos mejores boxeadores de cada categoría pelean por la medalla de oro.

Los boxeadores se enfrentan en tres asaltos. Cada asalto dura tres minutos. Los boxeadores ganan puntos por golpes dados. Los mejores golpes dan más puntos. Los combates no siempre llegan al final del asalto. A veces terminan en **nocaut**. Es cuando un boxeador recibe un golpe fuerte y cae a la lona. Si el **árbitro** cuenta hasta diez, la pelea ha terminado.

Boxeadores de China (rojo) y Holanda (azul) combaten por un lugar en la siguiente ronda.

Taekwondo significa "el camino del puño y el pie". Con los pies se ganan más puntos.

# Artes marciales

A los antiguos griegos les encantaba ver las artes marciales tempranas. Los peleadores combinaban la lucha libre y el boxeo. Los Juegos Olímpicos actuales tienen deportes de combate de todo el mundo.

El taekwondo viene de Corea. Tanto los hombres como las mujeres emocionan a los espectadores con sus combates. Se dan golpes tremendos y patadas poderosas.

El taekwondo comienza con una reverencia. Pero después comienza el combate. Las patadas dan la mayor cantidad de puntos en estos combates. Cada patada tiene un valor en puntos. Las patadas rectas al cuerpo valen 2 puntos. Una patada directa a la cabeza vale 3 puntos. Las patadas giratorias valen 4 puntos en el cuerpo y 5 puntos en la cabeza.

¿Cómo saben los árbitros si una patada toca al oponente?

**Los jueces y los árbitros observan atentamente los combates de taekwondo para dar puntos.**

**R** Reciben ayuda de los sensores que tienen los protectores del tronco. Estos sensores ayudan a contar las patadas y puñetazos electrónicamente.

**La medallista de oro Kayla Harrison de EE. UU. (arriba) se libera de una llave judo en 2016.**

P ¿Por qué los luchadores de judo no usan protectores?

En otra colchoneta, ocurre un tipo de lucha diferente. Es un combate de judo. Estos luchadores no usan protectores. Un yudoca agarra al otro. Ellos **forcejean**. Se jalan uno al otro. Los yudocas no ganan puntos por golpes o patadas. En lugar de eso, utilizan inmovilizaciones y lanzamientos.

R El judo es un arte marcial japonés llamado "el camino suave". Los combatientes no usan armas ni golpes, por lo que no necesitan protectores.

Un combate de judo dura cinco minutos. Los yudocas tratan de ganar un **ippon**. Este es un lanzamiento que pone a un oponente de espalda sobre el suelo. El yudoca que haga este lanzamiento gana el combate automáticamente. El yudoca también puede ganar si obtiene una sumisión. Esto es cuando el oponente se da por vencido porque está inmovilizado dolorosamente.

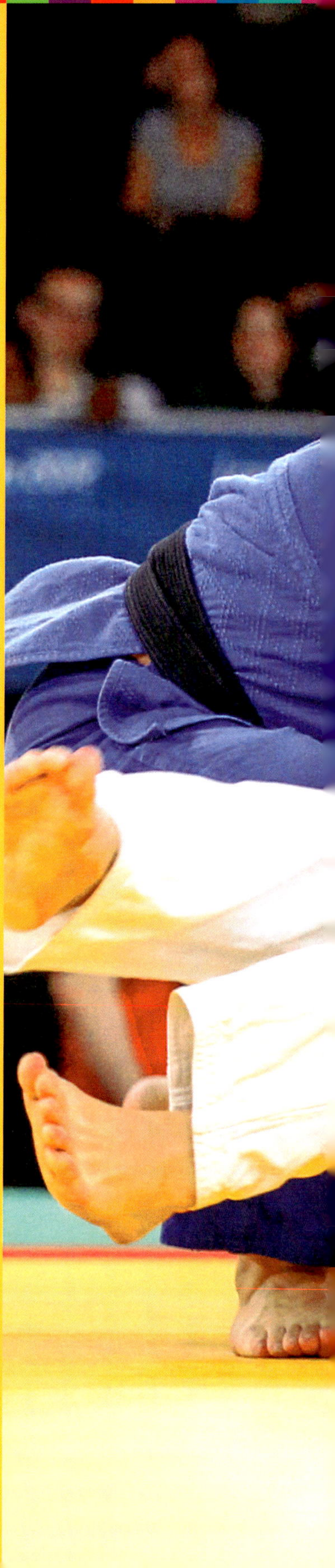

**Un lanzamiento que pone a un yudoca sobre su espalda es el fin del combate.**

Los esgrimistas han convertido la esgrima en un deporte de precisión.

# Esgrima

La primera pelea de espadas probablemente ocurrió justo después de que aparecieran las dos primeras espadas. Hoy en día, existe una lucha con espadas como deporte olímpico llamada esgrima. Las espadas son ligeras y delgadas. Los esgrimistas son rápidos. Se lanzan para atacar. Bloquean los ataques con un movimiento de la muñeca.

La esgrima parece peligrosa. Pero los protectores y los cascos protegen a los esgrimistas. Un esgrimista gana un punto por tocar al otro.

Los Juegos Olímpicos tienen tres tipos de esgrima. Cada uno lleva el nombre del tipo de espada que se utiliza. Los fanáticos pueden ver combates de florete, espada y sable. En los tres eventos, gana el esgrimista con más puntos.

P ¿Por qué se iluminan las máscaras de esgrima?

**El equipo electrónico de esgrima protege a los luchadores y ayuda a los jueces a marcar los puntos.**

R Las máscaras y chalecos de esgrima tienen sensores. Cuando la espada los toca, la máscara se ilumina.

Las karatecas compiten en un campeonato mundial en preparación para los Juegos Olímpicos.

# ¡Que vengan los Juegos Olímpicos!

Los deportes de combate son muy emocionantes de ver. Lo nuevo para los Juegos Olímpicos de 2020 es que los fanáticos podrán ver karate. El karate es un antiguo arte marcial japonés. Por lo que es natural que figure en Tokio, Japón.

¡Siéntate y disfruta! ¡Anima a tus atletas favoritos mientras combaten por la medalla de oro!

# Glosario

**árbitro** La persona que juzga un encuentro y asegura que se sigan las reglas.

**arte marcial** Un tipo de lucha que se originó como una forma de autodefensa.

**forcejear** Tratar de sujetar a un oponente para hacer una inmovilización o fijar al oponente al piso, evitando ser sujetado o inmovilizado.

**inmovilizar** En la lucha y el judo, aplicar una técnica para evitar que un oponente se mueva y ataque.

**ippon** En judo, resultado de lanzar un oponente a la lona; un ippon finaliza el combate.

**nocaut** En el boxeo, un golpe que deja inconsciente a un oponente; un nocaut finaliza el combate.

**toque** En la lucha, fijar la espalda de un oponente contra la colchoneta.

# Índice

antigua Grecia 5, 6, 17
árbitros 14, 18, 19
artes marciales 5, 16–23, 29

boxeo 5, 12-15, 17

categorías de peso 9, 13

espada 26
espadas 25, 26, 27
esgrima 24-27
equipamiento18–19, 20–21, 25, 26–27

florete 26

lucha grecorromana 10
lucha libre 10

judo 20–23
Juegos Olímpicos 2020 29

karate 29

puntos 9, 14, 18, 21, 22, 26

sable 26

taekwondo 16–19

# Acerca del autor

M. K. Osborne es un escritor y editor para niños que se emociona con los Juegos Olímpicos, tanto con los de verano como los de invierno, cada dos años. M. K. Osborne ha estudiado las estadísticas, las cifras y el conteo de medallas para llevar a los lectores jóvenes las mejores historias sobre los Juegos Olímpicos.